AF586233

OBSERVATIONS

Sur un Imprimé ayant pour titre :

Mémoire pour Me GERBIER, ancien Avocat,

Avec cette Epigraphe : *Quod genus hoc hominum ?* ÆNEID. liv. I.

A PARIS,

DE L'IMPRIMERIE DE PHILIPPE DENYS PIERRES ;
rue Saint Jacques.

M. DCC. LXXV.

OBSERVATIONS

Sur un Imprimé ayant pour Titre : MÉMOIRE pour Me GERBIER, *ancien Avocat*, avec cette Epigraphe ;

Quod genus hoc hominum ? *Æneid. Liv, I.*

QUELLE eſt donc la biſarrerie & en même-temps la cruauté de ma deſtinée ? Après dix ans d'orages, dont deux empoiſonnés par tous les dégoûts, & toutes les humiliations compatibles avec l'innocence, je me flattois de trouver quelque repos dans l'aſyle que la Juſtice vient de m'ouvrir ; & c'eſt le moment où un homme, qui me devroit de la reconnoiſſance peut-être, vient m'y bleſſer par derriere.

En réclamant contre une iniquité produite par ſes intrigues ; en attaquant un Jugement rendu contre toutes les formes, pour favoriſer ſa paſſion & ſes intérêts, où l'on déclaroit *calomnieux* des faits qui pouvoient le compromettre, & qu'on n'avoit pas examinés; en défendant mon existence, ma vie, l'honneur qu'il s'est efforcé de m'ôter; voici ce que j'ai dit de lui publiquement le 11 Janvier.

« Je ne défends pas ici ce que j'ai imprimé dans le temps, » d'un trait particulier, à l'un de mes principaux, de mes » plus acharnés Persécuteurs : Il triomphoit alors, je ne lui » devois aucun ménagement. Il est malheureux aujourd'hui: » il a droit à tous mes égards : je souhaite ardemment qu'il » lui soit aussi facile qu'à moi de se justifier, & que le Bar- » reau ne se voie pas privé d'un talent qui, pendant vingt » ans, y a brillé avec tant de gloire ».

Et c'est, quand je parle ainsi de lui, qu'il publie un libelle sanglant contre moi; un libelle où il demande *quelles raisons j'ai pour croire facilement au crime* (1); un libelle où il prétend m'avoir dit à moi-même *que je n'ai point d'ame* (2); un libelle où il soutient que j'ai *loué Tibere, que je passe avec facilité de l'éloge le plus outré à la calomnie la plus atroce, dès que mon intérêt le demande* (3). Et c'est moi qu'on accuse *d'emportement, de n'avoir pas le ton du Barreau, d'être l'aggresseur, de déchirer mes Confreres!* C'est moi que l'on veut punir, que l'on veut exclure sur ces prétextes!

Me croira-t-on donc enfin, quand je supplierai mes Confreres & le Public, d'observer ce que je leur représente inuti-

(1) Page 13.

(2) Page 10. Si en effet Me Gerbier m'a tenu un propos aussi grossier, si j'ai dévoré patiemment une insulte aussi cruelle, quelle idée doit-on prendre de nos deux caracteres? Je ne crois pas avoir la réputation d'un lâche; reste donc que je sois un homme bien moderé.

(3) Page 35.

plaiſir de me faire un affront, dans le ſeul eſpoir de raffermir quelques Confreres ébranlés, à qui ſon exemple & ſa hardieſſe peuvent donner le courage de méconnoître le ſens de l'Arrêt du 11 Janvier; par l'envie manifeſte de me nuire dans l'eſprit du Public : c'eſt donc une diffamation.

Des jugemens rigoureux prononcés contre des particuliers, des flétriſſures mêmes juridiques, ne peuvent pas être ainſi divulguées ſans une autoriſation particuliere de la Juſtice. Un Citoyen qui reprocheroit publiquement à un autre une condamnation motivée, que les Tribunaux n'auroient pas crû devoir rendre publique, ſeroit criminel & puniſſable; que faut-il donc penſer de celui qui réveille une condamnation inique que la Juſtice a déſavouée, qui conteſte une abſolution éclatante que la Juſtice a prononcée, qui ſe ſouleve contre une réhabilitation glorieuſe que la Juſtice a conſacrée?

Détracteur imprudent, en riſquant cette imputation; avez-vous bien penſé aux réflexions qu'elle pourroit occaſionner? On a, il eſt vrai, arrêté ſans examen, ſans preuves d'aucune eſpece, une réſolution *proviſoire* de ne pas communiquer avec moi. J'ai démontré, à l'Audience, que cette démarche avoit été au moins précipitée, puiſqu'elle ne portoit pas ſur le Jugement du 11 Février; que les griefs qui ſembloient la motiver n'avoient ni fondement, ni authenticité; que le refus de m'entendre qui avoit ſuivi, étoit injuſte autant que cruel; que c'étoit une de ces ſurpriſes qu'une chaleur paſſagere, des intrigues antérieures, une fermentation du moment, font quelquefois aux Compagnies les plus ſages. Ces conſidérations ſont ſans doute ce qui a déterminé les Magiſtrats à adopter le prononcé remarquable du 11 Janvier. Mais ſi j'avois voulu l'attaquer par une raiſon plus forte encore que toutes celles que j'ai préſentées, je l'aurois trouvée dans la différence de la conduite que l'on a tenue envers vous & envers moi.

Il n'y avoit rien, il ne pouvoit rien y avoir à me reprocher, dès qu'on écartoit le Jugement du 11 Février 1774, & qu'on ne s'arrêtoit qu'à des futilités indignes d'occuper le temps d'une Compagnie grave : il exiſtoit contre vous un refus d'une place, un ordre précis, connu, authentique, émané d'un grand Prince, de vous juſtifier, & qui ſuppoſoit par conſéquent des griefs. Cependant on me frappe & l'on vous reſpecte.

On ne peut pas dire que ces ménagemens ſoient venus de ce que vous vous teniez éloigné ; car je ne me préſentois pas plus que vous ; on ne peut pas dire que ce ſoit la proximité de la cauſe de Béthune & de Broglio qui ait déterminé, puiſque vous y êtes intéreſſé autant que moi : quel eſt donc le motif de cette différence ? Ah ! quel il eſt ! C'eſt que vous êtes politique & que je ne le ſuis pas ; c'eſt que vous avez ſu dès long-temps concilier des choſes inconciliables ; conſerver vos Places, vos Emplois, votre conſidération au ..... & faire en-même-temps les honneurs d'un grand Hôtel voiſin du Palais ; tyranniſer vos Confreres, & leur inſpirer une ſorte de vénération que votre renommée & de grands avantages naturels juſtifioient ; c'eſt qu'au moment où le voile eſt déchiré, l'illuſion ſubſiſte encore : la gloire de vos premieres années couvre les taches des dernieres ; enfin, c'eſt, j'en demande bien pardon à mes

Perſécuteurs, c'eſt que nous ſommes précisément les *animaux malades de la peſte.*

Je tondis de ce pré la largeur de ma langue.

Et ſi la Juſtice ne ſe reveille pas dans les cœurs; ſi le cri public n'avertit enfin mes ennemis & vos partiſans de refléchir ſur leurs démarches, & ne les force à conſulter un peu leurs véritables intérêts, il ne ſeroit pas impoſſible que vous l'emportaſſiez; il ne le ſeroit pas qu'on me vit avec mon innocence expirant au pied du Trône où vous recevriez les complimens des tigres, des renards, qui ne vous donneroient pas même la peine de faire votre confeſſion.

2°. Cette diffamation eſt ſans néceſſité. Il falloit vous juſtifier ſi vous le pouviez: un grand Prince vous en impoſoit la loi: ſon eſtime, ſa confiance ſont trop précieuſes pour ne pas tout faire dans l'eſpérance de les recouvrer: mais pour vous laver, falloit-il me noircir? Qu'importoit à votre juſtification l'injuſtice commiſe envers moi le 22 Décembre 1774, à moins que vous ne la regardiez comme le complément de toutes celles de Janvier & de Février de la même année, dont vous étiez l'auteur; & alors de quel front oſez-vous dire à ce Prince Auguſte, dont vous implorez les bontés, à ce public dont vous reclamez l'attention, que vous n'avez pas été au nombre de mes *perſécuteurs.*

Qu'importoit à votre juſtification que j'*euſſe loué Tibere* comme vous m'en accuſez fauſſement, à la page 35? Qu'importoit à votre juſtification que je vous euſſe *loué vous-même* & *dénigré enſuite?* mes foibleſſes ne ſeroient pas le palliatif des vôtres?

Seroit-

Seroit-ce même une foibleſſe que cette contradiction apparente? N'avez-vous jamais fait une ſeule action honnête, & accuſerez-vous d'une contradiction ignominieuſe quiconque ne vous aura pas toujours mépriſé?

Ce n'eſt pas moi qui vous pourſuis, ou qui vous diſpute une charge dans une Maiſon auguſte. J'y en ai poſſédé une : je m'en ſuis défait librement : je m'en ſuis défait parce qu'elle étoit ſans fonctions, & qu'elle ne me préſentoit aucune occaſion de prouver mon zèle au Prince dont elle me conſtituoit Officier. Mais je n'étois ici ni votre accuſateur, ni votre rival. A quel propos donc venir m'attaquer au fond de ma retraite, & me percer de vos traits au moment où je ne devois ni ne pouvois me tenir ſur mes gardes?

C'eſt, direz-vous, votre Mémoire donné en Février 1774, qui cauſoit mon embarras, & contre lequel j'avois ordre de me juſtifier. Quand cela feroit, il ne falloit donc réfuter que les imputations qui pouvoient s'y trouver : il ne vous étoit pas permis d'en hazarder de votre part contre moi. Autre choſe eſt attaquer; autre choſe ſe défendre.

Mais enſuite vous me fourniſſez vous-même la preuve que ce n'eſt pas contre mon Mémoire que vous vous juſtifiez. Vous dites dans le vôtre, page 2, que les calomnies auxquelles vous répondez *ont redoublé d'efforts, au moment où vous veniez d'obtenir de* MONSIEUR, *l'agrément d'une Charge d'Intendant de ſes Finances*. Or vous n'avez penſé à cette Charge, au plutôt, qu'à la fin de 1774, & mon Mémoire avoit paru en Février de la même année. Vous ne prouverez pas que j'aie depuis ce tems-là, rompu le ſilence. Vous aviez trop bien trouvé le moyen de m'enchaîner, comme je le dirai tout à l'heure, quand vous redoutiez de ma part, quelque incursion. Quand la faculté de me défendre comme de vous attaquer m'a été rendue, on a vu comment j'en ai usé. J'ai déclaré que ce que je voulois bien appeller vos *malheurs*, vous rendoit respectable à mes yeux, & c'est alors qu'en Janvier 1775, vous osez me rendre responsable des accusations intentées contre vous à cette époque, accusations auxquelles vous sçavez que je n'ai eu, ni pu avoir de part.

Mais, dites-vous, c'est qu'elles se trouvent dans votre Mémoire; il est le drapeau auquel se rallient mes calomniateurs. C'est-là qu'on va puiser de quoi me compromettre; vous y avez fait de moi un portrait abominable.

Distinguons. Dans ce Mémoire j'ai rendu compte des persécutions odieuses que vous m'avez suscitées, de l'appui que vous avez donné à une cabale criminelle, & de celui que vous en avez reçu pour me perdre. Je vous ai nommé parce que *quand j'attaque quelqu'un je le dois & le nomme.* Vous assurez que vous vous justifierez; vous vous soumettez à être rayé *du Tableau des Avocats, & même de celui des honnêtes gens*, si vous ne vous justifiez pas. Tout à l'heure nous examinerons cela, & nous verrons comment vous vous en tirerez; au demeurant c'est bien fait à vous de me répondre nommément sur l'article des persécutions : mais sur celui du portrait, de quel droit m'inculpez-vous ? Voici ce que j'ai dit.

Après le détail de toutes les infortunes qui m'ont accablé à votre suggestion, de toutes les iniquités que vous avez enfantées ou dirigées pour ma perte, je m'écrie, page 41 ; « On prétend punir d'une exclusion infamante ; » la vivacité d'un zèle désintéressé. Que feroit-on donc s'il » se trouvoit au Palais un homme qui vendît toujours ses » paroles & quelquefois son silence ; un homme qui n'ou» vrît jamais la bouche qu'on ne sçût à quel prix, & qui » mettant un impôt sur ses succès, n'envisageât, dans la » victoire, qu'un prétexte à des rapines ; un homme qui, » étant recherché par les deux Parties, prît, pour se dé» cider entr'elles, la balance, non pas de la Justice, mais » de l'avidité, & se louât publiquement à celle qui a fait » briller plus d'or, ou sonner plus d'argent en entrant dans » son cabinet ; un homme capable de changer de parti avec » la fortune, & de requérir à grands cris le deshonneur, » la perte des Cliens dont il auroit été le Conseil, & dont » il seroit encore le débiteur ; un homme enfin exposé à » des répétitions honteuses, accusé juridiquement d'un » abus de confiance de la plus basse, de la plus criminelle » espece, réduit à invoquer pour sa défense, les priviléges » de sa profession, & à soutenir qu'on n'a rien à lui de» mander, parce qu'il n'existe pas de preuves qu'il ait rien » reçu. Si un tel homme existoit au Bareau, ne seroit-on pas » autorisé, d'après ce que j'éprouve, à croire qu'il y se» roit regardé avec horreur, & qu'on ne croiroit jamais » l'en avoir banni avec assez de précipitation ?

Ce portrait-là est difforme assurément, mais aussi c'est une supposition. Ne conviendrez-vous pas vous-même que s'il existoit au Barreau un pareil homme, il faudroit se hâter de s'en défaire comme d'un monstre qui l'infecteroit ?

Mais, c'est moi que vous avez voulu y peindre ? Vous !

Point du tout. C'eſt un aſſemblage des différens traits qui peuvent donner l'idée d'un Avocat prévaricateur : je n'ai pas l'ame aſſez forte, ou une expérience aſſez cruelle de la perverſité humaine, pour croire qu'ils puiſſent tous ſe trouver raſſemblés dans un même ſujet. Vous même vous aſſurez, page 16, *qu'on ne pourra jamais vous y reconnoître.* Vous ne croyez donc pas que je vous y aie peint ? Et ſi je ne vous y ai pas peint, ou ſi, en voulant vous peindre, je ne vous ai pas rendu reconnoiſſable, de quoi m'accuſez-vous ? Pour avoir droit de me prendre à partie, il faudroit que j'euſſe mis votre nom au-deſſous, comme ces Barbouilleurs ignorans qui écrivent dans leurs tableaux, c'eſt ici un *loup*, ou bien un *vautour.*

Mais, ajoutez-vous, le Public m'y a reconnu : il a fait l'application de ces traits à des anecdotes malheureuſement trop répandues : dans le ſilence mercénaire, il a trouvé l'affaire du *C. de Lauragais :* dans la balance qui peſe l'or pour agréer le ſac, il a démêlé l'hiſtoire des *Bénédictins :* dans la ſcene du Client attaqué, deshonoré par ſon propre conſeil, devenu ſon débiteur, il a retrouvé celle du *Marquis de Brunoy*, &c. J'en ſuis fâché pour vous : accuſez en ce cas le public : prouvez que la prétendue clef eſt fauſſe : détruiſez ces alluſions odieuſes : vous me rendrez ſervice à moi-même, & je ferai le premier à crier : Vous vous trompez ; ne voyez-vous pas bien que ce n'eſt pas là le ſignalement de Mᵉ *Gerbier !*

3°. Quand votre panégyrique contiendroit des vérités inconteſtables, votre maniere de les préſenter n'en feroit ni moins criminelle, ni moins digne de toute la rigueur des

Loix. Un principe auquel tient la liberté publique, un axiome qui eſt la ſauvegarde de la Société, c'eſt qu'il n'eſt pas permis à un Particulier de ſe faire juſtice ſoi-même : or ici qu'avez-vous fait ?

Mon Mémoire eſt intact, vous l'avouez : il ſubſiſte dans toute ſon intégrité : vous êtes forcé d'en convenir : mais vous vous vengez de cet hommage forcé, en diſant que grace à l'Arrêt du 11 Janvier, *il échappe à la flétriſſure, à laquelle il avoit été condamné* le 11 Février précédent. Vous ajoutez, page 4, qu'il a été *dénoncé*. Par qui ? *Supprimé*. Comment ? *Flétri comme calomnieux*. Oui, mais cette flétriſſure paſſagere le bras rayonnant de la Juſtice vient de l'effacer. *On le tire de la pouſſiere pour le faire ſervir à ma diffamation*. Ces expreſſions-là ne ſont pas reſpectueuſes, après l'Arrêt.

Quoi ! ſouffler ſur la pouſſiere dont vous aviez couvert ce Mémoire, c'eſt l'en tirer ? Mettre fin à une perſécution odieuſe dont vous étiez le moteur, c'eſt vous diffamer ? Nous replacer tous deux dans l'état où doivent être deux Citoyens qui ont les Loix pour reſſource, l'équité pour ſauve-garde, c'eſt vous accabler ? Enfin le Jugement de 1774 ſurpris ſans examen, ſans inſtruction, ſur une impoſture démontrée, contre toutes les formes, vous paroît un monument ſacré qu'il n'étoit pas permis de toucher ; & l'Arrêt de 1775, rendu ſur une plaidoirie contradictoire, ſur les Concluſions du Miniſtere Public, murement réfléchi, honoré du vœu général, eſt à vos yeux un monſtre de procédure, qui vous donne des convulſions de douleur & de crainte ? Il n'y a peut-être que vous en *France* qui ſoyez capable d'inſinuer qu'une condamnation illégale en tout ſens de 1774, doit l'emporter ſur une abſolution réguliere, autentique de 1775. Mais je vous paſſe cela.

Du moins ce Mémoire redevenant une piéce juridique, à laquelle la Juſtice n'a rien trouvé à reprendre, il ne pouvoit plus ſervir de prétexte à la dénonciation bruſque & effrénée que vous en faites au Public.

Je dis au Public : car ce n'eſt pour aucun Tribunal que vous avez travaillé : je ne ſuis pas en procès avec vous. Il n'y a pas de plainte de votre part : vous n'avez confié à perſonne que vous euſſiez le cœur ulcéré en 1775, de ce que j'ai dit en 1774. Les Fleurs de Lys alors étoient ſi obéiſſantes à vos moindres deſirs ; vous aviez dans le Barreau des Satellites ſi dociles, que, comme les Monarques de l'*Orient*, à peine aviez-vous beſoin de ſignes pour être obéi. Vos ſimples volontés étoient ſuivies d'une prompte exécution : on vous prodiguoit la vengeance avant que vous euſſiez imaginé de la demander : vous teniez dans votre main le fil qui remuoit toutes ces machines. Ce tems-là n'eſt plus, & vous l'avez oublié. Vous n'avez pas réflechi que maintenant la décence eſt quelque choſe, & que la Juſtice eſt tout. Vous avez hazardé votre Mémoire contre moi ſans réflexion, ſans préliminaire, ſans formalité d'aucune eſpece.

Vous vous appuyez de l'intention de MONSIEUR ; il a deſiré, dites-vous, que votre juſtification devînt *publique*. Cet aveu d'un grand Prince vous diſpenſoit ſans doute de bien des formalités, pour ce qui vous concernoit : mais ſon ame eſt équitable autant que bienfaiſante : en vous invitant à tâcher de recouvrer votre honneur, il n'a pas entendu vous conférer le droit de ternir le mien. Il a supposé qu'en homme honnête vous vous conformeriez aux regles de l'honnêteté ; qu'en Jurisconsulte exercé vous accompliriez les Loix reçues dans les Tribunaux ; qu'en accusé jaloux de vous justifier, vous ne prendriez que les voies tracées par la Justice pour y parvenir. Il n'a pas imaginé que vous feriez de votre apologie une satyre sanglante & calomnieuse ; ni que pour prouver que vous êtes digne d'être admis au rang de ses Officiers, vous commenceriez par déchirer sans raison, & ce qu'il y a de plus terrible pour vous, contre toute vérité, un homme qui a eu cet honneur.

Quel être êtes-vous donc ? Vous vous trouvez dans une circonstance embarrassante : au lieu de me joindre à vos ennemis pour vous accabler, j'annonce qu'il est au-dessous de moi de profiter de ce revers pour me venger, & vous percez sur le champ la main qui a fait ce geste d'humanité. Mes égards vous aigrissent ! J'ai dit que je vous ménageois, *parce que vous étiez malheureux ;* vous vous indignez de ce mot que vous n'aviez pas droit d'attendre de moi ; vous vous écriez qu'*on n'est malheureux que quand on a des reproches à se faire.*

Vous vous trompez dans l'application de cet adage stoïque : *Brutus* n'avoit pas de remords, & il ne se louoit pas de la fortune ; *Caton* avoit l'ame tranquille, & son sort étoit peu prospere ; *Socrate* arrêté, jugé, puni comme un criminel, ne trouvoit dans son cœur que l'amour de la vertu : vous ne voulez pas qu'on vous confonde avec ces hommes illustres qu'une conscience sans reproche ne garantissoit pas des évenemens fâcheux compris sous le nom de *malheurs* : eh bien ! soit : voyons donc si vous êtes à l'abri de cette autre espece de tourmens qui rendent encore plus *malheureux*, de ce supplice de l'ame, qui naît des souvenirs du passé & des craintes de l'avenir.

Vous essayez de vous disculper sur sept griefs : il y en a que je ne connois pas ; il y en a sur lesquels je rougirois d'aller mendier des preuves, telles que les *exactions*, par exemple, dont vous avouez qu'on vous accuse envers vos Cliens : vous citez, pour vous justifier, le sieur *Cadet* que vous nommez & *qui vit*, dites-vous, *estimé & chéri de tous ses voisins dans une terre en Poitou :* j'en suis bien aise. Vous apprenez qu'il vous a donné beaucoup d'or ; mais vous ne dites rien de la nature des services que vous lui avez rendus ; ils n'ont pas été publics ; ce n'est pas là ordinairement le genre de ceux auxquels notre profession nous consacre : mais il y a des exceptions à tout : enfin vous l'avez bien servi ; il vous a bien payé ; peu nous importe.

Je respecte votre justification sur cet article & sur deux autres : je m'en rapporte à ceux qui ont passé par vos mains, à M. le C. de *Lauraguais*, par exemple, que vous invoquez & qui m'en a parlé, ainsi qu'à bien d'autres : mais tout cela m'est indifférent. De tous ces objets sur lesquels vous me défiez, & dont vous faites dépendre votre sort, je n'en rappellerai ici que quatre ; l'affaire du *Marquis de Brunoy*, parce qu'elle est publique ; celle des freres *Michelins*, parce que j'y ai joué un rôle ; celle de M. le C. de *Guines*, parce que vous m'y compromettez ; vos *persécutions*

ſécutions envers moi, parce qu'elles me ſont perſonnelles. Sur ces quatre griefs vous défiez le Public, vos *ennemis*, moi; vous m'appellez *calomniateur;* vous voulez qu'on nomme des témoins, qu'on donne des preuves; vous ſerez ſatisfait.

§. I.

Affaire du Marquis de Brunoy.

Sur cet article j'ai un terrible témoin à produire : C'eſt vous-même; c'eſt votre juſtification imprimée que je ne connoiſſois pas; vous y convenez de quatre faits bien eſſentiels. 1°. Vous étiez conſeil du M. de B. 2°. Vous étiez ſon débiteur. 3°. Il vous a prié, par le miniſtere d'un Huiſſier de vous abſtenir de ſes affaires. 4°. C'eſt après votre expulſion qu'une partie de ſa famille a demandé ſon interdiction, & vous vous êtes mis à la tête de cette demande; vous l'avez dirigée; vous l'avez plaidée.

Maintenant un mot ſeulement.

Si le Marquis de Brunoy ne vous avoit pas chaſſé, il eſt clair qu'on n'auroit pas ſongé à eſſayer de le faire interdire; ou du moins il y a une telle liaiſon entre ces deux événemens, qu'on peut bien ſoupçonner que l'un n'auroit pas eu lieu ſans l'autre.

Vous vous applaudiſſez d'avoir mépriſé ſa ſignification, & de vous être exilé de ſon conſeil ſans réſiſtance; mais ce n'a été que pour y rentrer en lui déclarant la guerre. Pour vous venger de vous avoir ôté ſa confiance, vous avez attaqué ſa perſonne : ſi vous aviez réuſſi à lui enlever les facultés d'un Citoyen, vous auriez été le conſeil des Directeurs qu'on lui auroit donnés. Vous avez fupputé qu'il valoit mieux être affocié au defpotifme fur une minorité éternelle produite par l'interdiction, qu'à la confiance libre & peut-être paffagere d'un mineur, que l'âge alloit délivrer de tout lien. Vous avez donc été calculateur habile; mais avez-vous été Jurifconfulte délicat?

Et vous étiez le débiteur de ce mineur que vous cherchiez à deshonorer pour gouverner fes affaires! & vous imprimez que vous ne lui devez pas de reconnoiffance, parce que c'eft par les mains de fon Tuteur que vous avez reçu fon argent! & vous trouvez *ridicule*, *bifarre*, la furprife du Public, qui s'eft révolté en vous entendant demander la fufpenfion civile de l'homme dont vous aviez juré de défendre les intérêts! & vous vous écriez leftement, *il m'a défendu de me mêler de fes affaires, & il ne veut pas que je me mêle de celles des autres;* c'étoit fans doute *l'affaire des autres* qu'une demande pour l'interdire?

Si l'on pouvoit, à force de recherches, découvrir dans ma conduite la millieme partie de ce qui faute aux yeux dans la vôtre, fi j'affectois fur-tout ce ton leger pour me difculper en matiere auffi grave, où en ferois-je?

§. II.

Affaire des Freres Michelin.

Elle eft jugée; ils ont perdu : vous avez obtenu de gros dommages-intérêts; mais comment avez-vous la hardieffe de me provoquer fur cet article? Que voulez-vous? une discussion judiciaire? votre jugement vous en dispense. Un aveu que leur cause étoit mauvaise? vous-même, jusqu'au jugement, vous n'avez pas paru le penser.

En quoi consistoit-elle? dans la répétition des titres qu'ils disoient vous avoir confiés. Ces titres les aviez-vous reçus & rendus, ou non? c'étoit-là le mot. Personne ne le savoit mieux que vous; & dans votre interrogatoire sur faits & articles, vous n'avez osé nier ni affirmer.

INTERROGÉ *sur le dix-neuvieme desdits faits, s'il n'est pas vrai que les Freres* Michelin *dirent à lui M*[e] Gerbier, *c'est à vous à nous restituer nos pieces, dont vous êtes refusant depuis plus de cinq mois.*

A REPONDU *qu'il est vrai que le sieur Michelin osa lui soutenir qu'il lui avoit remis des pieces, & que le répondant* QUI CROYOIT ET QUI EST ENCORE CONVAINCU, AUTANT QUE SA MÉMOIRE PEUT LE LUI RAPPELLER, *qu'il ne lui en a jamais été remises aucunes, dit avec vivacité audit sieur Michelin, vous êtes bien hardi de me soutenir une pareille chose, &c.*

En vous voyant incertain, ai-je dû balancer à croire vos accusateurs? moi, choisi pour les défendre, ai-je pu, ai-je dû leur dire qu'ils étoient des imposteurs, quand vous n'aviez pas la hardiesse de faire cette confidence à la Justice qui vous interrogeoit sous la foi du serment?

Maintenant rapprochons tout ce qui s'est passé. Qu'on songe que vos manœuvres contre moi ont commencé à devenir fortes, décisives, surtout quand vous avez su qu'on s'obstinoit à me presser de les défendre, & que peut-être je me rendrois; que l'on a attribué vos mouvemens en partie à la crainte que vous en conceviez; que je ne vous l'ai pas caché à vous-même, comme le prouve la lettre de moi que vous citez; qu'alors, loin de les rallentir, vous les avez redoublés ; que loin d'être sensible à la générosité, ou du moins à la politique, qui vous disoit que quelque prétexte qu'il y eût pour m'écarter du Barreau, vous deviez m'y retenir jusqu'à ce que j'eusse plaidé & perdu contre vous une cause qui intéressoit votre honneur, & où l'on pouvoit dire que vous en redoutiez le succès, si elle restoit dans mes mains, vous n'en êtes devenu que plus ardent à solliciter, à consommer mon éloignement; que dès que quelques Confreres dociles vous eurent prodigué leurs voix, dès que la Justice, séduite, eut ratifié leur complot, vous ne vous êtes occupé que du moyen de vous débarrasser des *Michelins*, avant qu'elle eût ouvert les yeux, & qu'un revers cruel vous eût exposé à me retrouver pour adversaire; qu'ils ont été traînés au Barreau comme des agneaux à la boucherie ; que n'ayant pu, ne pouvant y trouver de défenseur, contre un homme qui y décernoit à son gré des exils, on leur en a nommé d'office un qui s'est trouvé votre ami intime, & l'un de mes plus violens persécuteurs; que de peur que je ne les servisse de ma plume, on a fait courir, chez les *Imprimeurs*, une défense févere & menaçante, de *rien imprimer pour moi*, *ou* VENANT DE MOI, même sur LA SIGNATURE D'UN OFFICIER PUBLIC, genre de vexation inoui, qui ne pouvoit avoir lieu que dans des tems malheureux, qu'enfin.... on peut tout supposer, tout croire; puisque j'ai renoncé à les aider, même dans le secret du cabinet, & c'est après ces détails, qui vous sont aussi-bien connus qu'à moi, que vous osez me défier sur cette affaire !

§. III.

Affaire du C. de G.

Sur celle-ci vous avez d'étranges ſcrupules, & un art, ou une audace bien plus étranges encore. Vous affirmez que dans le temps *que le vœu de tous les Avocats m'éloignoit du Barreau, que les Avocats au Conſeil, comme les Avocats au Parlement, refuſoient de communiquer avec moi, vous aviez la* BONHOMMIE *de conſentir que vos cliens employaſſent ma plume :* Vous eſpérez que cette générosité vous rendra intéreſſant : Vous ajoutez, *mon Ordre m'en fera peut être un reproche ; mais j'eſpere qu'il ne m'en fera pas un crime.* Une conſcience auſſi timorée doit vous faire bien des partiſans ; & pour donner quelqu'appui, quelque vraiſemblance à ce fait incroyable, à cette *bonhommie* peu naturelle, vous parlez d'une lettre de moi, où je vous demande, dites-vous, par quelle biſarrerie vous m'avez *adreſſé* le ſieur Tort?

Ce mot, *adreſſé*, vous ne le mettez pas en italique dans votre Mémoire, ce qui me fait croire qu'il n'eſt pas dans la lettre (1), & c'eſt pourtant le mot ſacramentel, la baſe de tout l'édifice; car ſi vous ne m'avez pas *adreſſé* le ſieur Tort; ſi j'ai connu le ſieur Tort avant vous ; ſi des raiſons qui tenoient aux circonſtances & que je ne lui ai pas cachées, m'ont d'abord em-

(1) Je n'en ai pas de minute, j'ai la mauvaiſe habitude de n'en jamais garder de ce que j'écris.

pêché de lui donner mes secours ; si c'est à mon refus qu'on vous a consulté ; si quand ces raisons qui m'avoient écarté du sieur Tort ont cessé, il est revenu de lui-même à moi ; si vous n'avez pris d'autre part à son retour que de marquer le plaisir de voir dans l'affaire un homme laborieux qui alloit, suivant vos espérances, en porter tout le poids ; que devient cette fable de votre *bonhommie*, & cette hypocrisie meurtriere avec laquelle vous feignez d'avoir été le premier à desirer qu'on *employât ma plume?* Or, voilà précisément ce qui s'est passé, & sur quoi je vous somme de faire expliquer le sieur *Tort.*

S'il étoit vrai que vous me l'eussiez *adressé*, & que vous vous y fussiez décidé par le motif que vous ne frémissez pas d'avouer, dans votre lettre, vous nous auriez fait un affront sanglant à lui & à moi; vous lui avez dit, à ce que vous assurez, que *personne n'étoit plus propre que moi à donner à son affaire une tournure intéressante.* Et c'est vous qui publiez cette phrase criminelle, cet aveu d'un cœur corrompu, dont j'ai dans le tems rougi pour vous ! Vous osez le citer en lettres italiques : le croyez-vous donc à ma honte ? Sans les indices que j'avois d'ailleurs, il auroit suffi pour me faire fuir avec horreur une affaire, où l'on auroit paru m'appeller sur un pareil espoir.

Je ne donne pas de *tournure* aux affaires : je les juge d'abord: je m'en pénétre : & quand je m'y livre avec la franchise, la loyauté qui m'ont tant fait d'ennemis, je ne les *tourne* pas : je suis invariablement, d'après ma conscience, le chemin que l'honneur & la conviction m'ont tracé.

Je serois fâché qu'il pût résulter contre celle-ci le moindre préjugé, de ce que j'ai cessé à la fin de Novembre, & non au 20 Décembre, comme vous le dites, de m'en mêler : ce n'est pas le fond qui m'y a déterminé. Vous essayez de donner à ce désistement de ma part, dans la note de votre page 9, un tour malhonnête. On voit bien que vous y avez voulu être méchant & malin, malgré votre *bonhommie*. Vous n'y gagnerez rien. J'ai pleuré sur la nécessité où je me suis vu d'abandonner la défense du sieur Tort. Cette nécessité n'étoit pas celle de la force ; mais celle de la prudence : après ce qu'il m'en a coûté pour sauver un homme de qualité, j'ai vu ce qu'il m'en coûteroit pour en attaquer un. Je n'ai pas voulu courir ce nouveau danger ; & ce qui a donné peut-être du poids à ces considérations, c'est que pour rester chargé de cette affaire, il auroit fallu travailler à vous justifier.

§. IV.

Persécutions envers moi.

Vous n'êtes pas mon persécuteur ! vous êtes bien pis : vous êtes le calomniateur le plus hardi, le plus imprudent peut-être qui ait jamais existé. Vous commencez votre Mémoire par dire dès la page 5 : « Je ne puis me dispenser » de rappeller que dès son entrée au Barreau, le sieur » *Linguet* s'y est attiré des reproches; qu'il fut, il y a plu- » sieurs années DÉNONCÉ A L'ORDRE POUR LES FAITS LES » PLUS GRAVES ; que repoussé deux fois de son sein, il ne

» dût fon admiffion qu'à la modération & à l'indulgence ; » *vertus devenues trop communes dans l'Ordre des Avo-* » *cats* ». Il n'y a qu'un homme qui n'a rien à perdre qui ait pu hazarder une pareille délation.

Je ne m'emporte pas ; mais je demande à tous ceux de mes Lecteurs qui ont l'ame fenfible & jufte, fi cette licence n'eft pas affreufe, & fi tous les excès ne font pas pardonnables à l'homme infortuné qui s'en trouve l'objet?

Vous dites que j'ai été *dénoncé;* mais vous ne dites pas que j'ai été *abfous.* Vous dites que *j'ai été repouffé deux fois du fein de l'Ordre :* où font-elles ces deux fois ? Il faudra bien que vous les indiquiez. Vous dites que c'eft pour les *faits les plus graves.* Providence divine, je te rends grace ! Voilà donc enfin mes détracteurs pris à leurs propres piéges. Depuis dix ans je combats des fantômes ; je fuis harcelé par des ennemis invifibles, dont l'écho feul m'apporte les coups, & qui ne ceffent, à la faveur d'un lâche anonyme, de me faire des bleffures cruelles. En voilà un qui a laiffé tomber l'anneau myftérieux qui le déroboit à ma vue : il payera pour les autres, ou il les juftifiera. Vous rendrez compte à la Juftice de ces faits *graves ;* vous les prouverez, ou vous ferez puni comme calomniateur. Je vais dénoncer votre Libelle à *l'Ordre*, que vous compromettez. Il m'en fera juftice : s'il me la refufoit, j'aurois recours aux Tribunaux garants & vengeurs de l'honneur des Citoyens. Je reprendrois cette plainte, dont vous ofez dire que je ne l'ai abandonnée que parce que *je favois bien qu'il ne fe trouveroit pas parmi les Avocats*

d'homme

d'homme assez peu honnête pour certifier mes mensonges (1). Quels effrayans mysteres m'obligez-vous donc à révéler?

Je ne l'ai pas suivie, parce que dès que le bruit se fut répandu qu'elle étoit portée, M. *Chenu*, Commissaire, votre ami, lut à une assemblée de sa Compagnie une lettre écrite au nom du *Ministere Public*, qui tendoit à en violer le secret, & qui annonçoit combien on étoit préparé à la rendre inutile.

Je ne l'ai pas suivie, parce que l'ayant rédigée en forme le 10 Février 1774, quoiqu'elle fut rendue dès le 24 Janvier précédent, & ayant demandé permission d'informer, M. *Testard-du-Lys*, alors *Lieutenant Criminel*, rebuté avec raison des dégoûts injustes que lui avoit donnés l'affaire du C. de M., dont il sentoit que mes traverses étoient la suite, redoutant votre ascendant, auquel vos protections, vos alliances au Palais de ce tems-là donnoient un grand poids, s'est *déporté* à dix heures du soir : je ne pus voir le Lieutenant Particulier auquel j'étois renvoyé, que le lendemain *onze*.

Vous aviez été instruit de mes mouvemens. Pendant que j'étois au Châtelet à solliciter la permission d'informer sur les faits qui prouvoient vos persécutions, on s'assembloit *au Parquet* avec cette décence; on me dé-

(1) Observez qu'on me fait un crime dans l'Ordre d'avoir développé à l'Audience une justification nécessaire, indispensable, que les Représentans de l'Ordre avoient refusé d'entendre; & qu'on n'en fait pas un jusqu'ici à Me Gerbier d'en révéler ainsi les plus secrettes anecdotes, & d'y chercher de quoi satisfaire sa rage calomnieuse. Tout devient criminel quand il s'agit de ma défense; tout devient légitime quand il est question de m'attaquer. Voyons jusqu'où cela ira. Si mes ennemis ont bien de la fureur, je tâcherai d'avoir bien de la patience.

nonçoit à la *Grand'Chambre* avec ces égards pour la vérité ; on m'y condamnoit comme votre *calomniateur*, avec ces ménagemens, cet examen, cette maturité dont j'ai rendu compte au Parlement.

Cette ſcène s'étant jouée à *midi*, le 11 Février 1774, à deux heures le même jour, le Lieutenant Particulier violant la maxime inviolable, l'axiome conſacré de *l'indiviſibilité* en matiere criminelle, ne m'accorda la permiſſion d'informer que ſur la moindre partie de ma plainte ; ſur les autres faits, qui étoient préciſément ceux qu'on venoit de déclarer *calomnieux* à la Grand'Chambre, ſans les connoître, il me renvoya à cette même Compagnie, dont l'amour pour la juſtice venoit de ſe manifeſter avec tant d'éclat. Son Ordonnance exiſte : elle eſt entre mes mains : je n'aurois pu l'attaquer que par l'appel : & devant quels Juges aurois-je pu porter cet appel ?

Je ne l'ai pas ſuivie parce qu'après s'en être prévalu pour ordonner ma radiation, on m'a toujours fait enviſager ma réhabilitation comme le prix de mon ſilence ; parce que vos protecteurs, ceux-là même qui avoient ſi bien pris leurs meſures pour ôter aux freres *Michelin* le ſecours de ma plume, ne veilloient pas avec moins d'attention pour qu'elle me fut inutile à moi-même. On craignoit que cet inſtrument dont on avoit ſenti l'énergie dans des cauſes étrangeres, ne s'animât encore en faveur de ſon maître, & que s'il avoit jetté quelques étincelles pour ſauver le C. de M., il ne vomit du feu quand il s'agiroit de l'innocence, de la vérité ſacrifiées à vos manœuvres en ma perſonne.

Voilà pourquoi je ne l'ai pas ſuivie ; c'eſt qu'alors toutes réclamations étoient impuiſſantes ; c'eſt que le parti étoit pris de me faire une injuſtice froide, de me laiſſer ſous vos pieds juſqu'à ce que vous euſſiez fait la récolte annaire à laquelle vous vous étiez reſtraint : & vous me bravez ſur tous ces objets !

Vous n'êtes pas mon perſécuteur ? Eh ! à la pourſuite de qui avez-vous, dans un tems où notre Ordre n'exiſtoit pas, où ſes débris languiſſamment diſperſés au Barreau, n'en annonçoient que la deſtruction, oſé dire, publier, affirmer que j'étois exclus de la plaidoierie par l'*Ordre ;* me fermer, ſous ce prétexte, l'accès des Tribunaux, dont vous diſpoſiez, avant même qu'il y eût l'apparence d'un vœu, d'une aſſemblée contre moi ?

Vous dites que la premiere je l'ai demandée. Comment avez-vous pu hazarder ce mot ſans trembler ? Ne rappelle-t-il pas une trahiſon, un manége de votre part, qui eſt développé dans cette plainte que vous croyez abandonnée ?

Il n'étoit pas queſtion *d'aſſemblée.* Vous aviez exigé, pour calmer les ſcrupules qui vous empêchoient de plaider avec moi, que quatre Avocats ſeulement, déſignés par vous, atteſtaſſent qu'ils plaideroient. Je les avois vus ; j'avois leur parole : le jour étoit pris au 23 Janvier ſoir, pour vous la communiquer. Ce jour-là, le matin, vous m'avez écrit ces propres mots : *Je vous préviens*, Monſieur, *que notre comité de ce ſoir*, QUI NE DEVOIT ÊTRE QUE DE QUATRE PERSONNES, *ſera au moins de quinze. Ma porte ſera ouverte à tous ceux qui ſe préſenteront, &c.*

Mes yeux s'ouvrirent. Je me doutai de quelques rufes. J'allai à la découverte. J'appris que vous ne vous étiez pas contenté d'ouvrir votre porte ; mais que vous aviez invité ceux qui vous paroiffoient propres à feconder vos vues, & que vou n'aviez invité que ceux-là. Vous aviez accompli le *compelle eos intrare* de l'Évangile. J'engageai quatre de mes amis à fe trouver à ce feftin, où vous vous attendiez à me dévorer fans réfiftance avec vos fectateurs.

Avez-vous oublié l'air fombre avec lequel vous reçûtes ce renfort que vous n'attendiez pas ? Avez-vous oublié l'air lefte avec lequel, après que cette premiere furprife fut paffée, vous m'embraffates, en me difant, que *j'étois une ame en peine qu'il falloit tirer du fupplice*, en m'affurant que *vous étiez difpofé à tout faire pour me prouver votre fincere amitié ;* que vous m'invitates à me retirer dans l'antichambre, pour laiffer la liberté aux délibérations ; qu'à peine y fus-je, que votre voix tonnante perçant à travers les portes & les boiferies, vint m'apprendre que vous difiez à l'affemblée que *ma préfence vous contriftoit amerement dans* l'Ordre ; *que je n'avois ceffé, depuis que j'y étois, d'attaquer la Religion, le Gouvernement & les mœurs ;* que M. le Maréchal de *Broglio* entra au moment où je balançois entre le mépris que m'infpiroit votre perfidie & le defir de la confondre, ou de la punir fur le champ ; que tandis que vous étiez allé recevoir cette vifite, un peu finguliere, dans un pareil moment, j'entrai & fis mes plaintes à l'affemblée, que M. le Maréchal de *Broglio* m'attendoit dans fon carroffe à la porte, qu'il m'y fit monter, que je n'y fus pas long-tems, que j'en defcendis même avec précipitation; & que depuis cette époque jufqu'à celle-ci où il femble que vous ne dominiez plus, c'eft toujours de la Caufe de la Comteffe de Béthune & de fes enfans que mon fort a dépendu, qu'on femble s'être propofé exclufivement pour but, de forcer cette Femme refpectable, ces orphelins prêts d'être écrafés, de renoncer à un choix auquel tant d'indignités les attachent.

Vous n'êtes pas mon perfécuteur? Vous citez les affemblées tenues au Palais; vous prétendez y avoir joué le rolle de Pacificateur. A l'une vous *n'y étiez pas*, à l'autre vous y avez été *traîné?* Eft-ce donc pour faire croire que vous ne vous attendiez pas à y venir, que vous vous y êtes préfenté pour remplir les fonctions de Juge, dans un *deshabillé* avec lequel vous auriez rougi de recevoir un Client honnête dans la folitude de votre cabinet?

Vous y avez opiné pour la douceur! Ah! indulgence perfide, ménagement meurtrier! Je n'ai pas dit que vous euffiez manqué d'adreffe; j'ai dit que cette adreffe étoit celle de la trahifon; & de quel front avez-vous ofé y opiner?

Un de mes amis vous en avoit fait l'obfervation: vous l'aviez fait exclure; vous n'auriez pas dû refter après lui: mais du moins il n'étoit forti qu'après avoir reçu votre parole que vous n'opineriez pas. A peine fut-il dehors que vos partifans mirent gravement en délibération fi vous étiez lié par cette promeffe; on opina gravement fur ce cas de confcience d'un genre nouveau. Ces étranges Cafuiftes vous releverent d'un ferment fait à l'honneur, & avec cette dispense, vous crûtes pouvoir opiner en toute sûreté de conscience.

Vous avez opiné pour la douceur! Quelle douceur? Celle qui remplissoit vos projets; celle qui ratifioit ce plan de vengeance, d'intérêt, formé & préparé dans votre cabinet, qui m'ôtoit à la *Comtesse de Béthune*, qui vous laissoit le tems de parcourir paisiblement la carriere à laquelle vous vous borniez, & voilà ce que vous appellez avoir panché pour l'indulgence.

Vous avez insisté pour qu'on écoutât les jeunes gens! qu'on recueillît leurs voix! mais c'étoit après avoir compté celles qui alloient à les exclure, & vous être bien assuré qu'en proposant ce parti vous auriez le mérite de l'avoir appuyé, avec le plaisir de le voir rejetté. Encore une fois, ce n'est pas l'art qui vous a manqué.

Vous me sommez pour éclaircir cette question, qui n'est pas obscure, de faire entendre en déposition, les Témoins de toutes ces scènes qui seroient ridicules, si l'excès de la cruauté ne s'y méloit à celui de l'indécence. A qui croyez-vous en imposer avec ce défi! Qui ne verra que c'est un nouveau piége que vous me tendez? Et qui d'ailleurs ferai-je entendre? mes amis? vous les récuserez! Les vôtres? Oseriez-vous les proposer?

Vous provoquez aujourd'hui une information! Mais si ces faits avoient été *calomnieux*, si vous aviez été si sûr que je n'en acquérerois pas la preuve, que ne m'en laissiez-vous informer dans le tems? Pourquoi vous hâter de briser dans ma main une arme si futile? Pourquoi employer la foudre à détruire une paille?

Ces faits ſont vrais, conſtans, puiſque diſpoſant des reſſources de la Juſtice, vous les avez prodiguées pour étouffer la bouche qui les préſentoit. Et c'eſt avec ce mélange d'audace, de diſſimulation, d'imprudence, que vous vous flattez de démontrer que vous n'avez pas été mon *Perſécuteur?*

Je ne réponds pas à ce que vous dites pour vous juſtifier de la *jalouſie.* Ce n'eſt pas moi qui vous l'ai reprochée. J'ai toujours rendu juſtice à vos talens. Vous citez vous-même des paſſages honorables pour vous, tirés de mes plaidoyers. J'ai donc fait ce qui a dépendu de moi pour vous déſarmer?

Vous citez une converſation, qui n'a pas eu de témoins malheureuſement, & où vous prétendez que je vous *ai prié de me ménager.* Si cela eſt, je me ſuis donc préſenté contre vous avec la modeſtie qui convenoit à mon âge, avec les égards qu'exigeoient votre réputation & vos talens. Et comment y avez-vous répondu? de votre aveu en homme féroce & barbare. Vous vous faites gloire, quand je me mettois à vos genoux, de m'avoir inſulté. Vous dites que vous vous êtes écrié en me parlant de moi & de vous dans le même colloque : *Vous avez beaucoup d'eſprit, & je n'en ai pas : je n'ai que de l'ame, & vous n'en aurez jamais.* Cette converſation eſt un Roman : elle n'a jamais eu lieu ; mais elle peint votre caractere, & l'idée que vous avez du mien. Elle prouve que vous me croyez vous-même, malgré ma fermeté en public, capable de dévorer patiemment, quand il le faut, des outrages en particulier, de ſacrifier le reſſentiment de l'amour-propre au bien de la paix.

Et c'eſt de ce Néophite indulgent, dont vous vous vantez d'avoir ainſi accueilli les prieres, que vous vous écriez : *Moi, j'aurois été jaloux du ſieur Linguet ! Eſt-il vraiſemblable qu'un Avocat conſommé dans les affaires, affermi par l'âge dans les premieres places du Barreau ſoit devenu tout d'un coup jaloux d'un homme..... qui n'a que le ſeul talent d'écrire avec eſprit, hardieſſe & facilité.* Soit, je n'ai que ce talent-là : vous en avez d'autres, on le ſait bien; mais ſi je voulois auſſi les déſigner, vos autres talens, par des points, ſavez-vous que la réticence pourroit-être longue & cruelle ? Savez-vous qu'il eſt aiſé d'inculper un homme avec des points, & que s'il en réſulte quelqu'impreſſion dans l'eſprit du Lecteur honnête, elle ne peut être que d'indignation & de mépris contre celui qui l'emploie ?

Vous rappellez l'affaire du C. de M. Vous développez toute *l'ame* que vous avez pour peindre des criminels convaincus, condamnés en définitif, qui embraſſent vos genoux, & à qui vous promettez votre appui. Vous rappellez des choſes flatteuſes que j'ai dites alors de vous, & au lieu de vous taire du moins, ſi vous ne voulez pas me remercier, vous dites que je ne vous ai loué que parce que *je vous croyois mort.*

Non, je ne vous croyois pas mort : je ne vous croyois pas même malade : je n'ai pas plus de foi à votre empoiſonnement de ce temps-là, qu'au teſtament de la veuve Verron, qui vous faiſoit un legs. Je puis me tromper. J'ai déjà, ſuivant vous, tant ſoutenu de paradoxes; ajoutez-y celui-là celui-là. Je suis fortement convaincu que ces deux célébres incidens du procès, dont l'un avoit un exemple au théâtre, & l'autre n'en a nulle part, sont deux farces destinées toutes deux à vous tirer d'affaire.

Celles de G.... & de M.... se trouvoient concourir ensemble : vous n'aviez que moi pour contradicteur. Vous aviez plaidé la premiere Audience pour la Marquise de G.... avec la legereté, l'abandon que sembloient autoriser ma jeunesse & mon inexpérience. Dès ma premiere réponse vous aviez senti que ce ton là ne convenoit plus. Vous aviez prévu que dans la cause de M.... le choc seroit encore plus vif. Vous n'étiez pas préparé. Pour vous procurer du tems, vous prîtes le parti d'être malade, & tout Paris fut votre dupe.

Je ne vous reproche pas votre santé : mais quand on a été empoisonné, quand on a passé trois semaines dans son lit, sans rien prendre, ou sans rien digérer ; qu'on a rendu *les membranes intérieures de son estomac*, on ne reparoît pas au bout de ces trois semaines, frais, dispos, on ne replaide pas, comme vous l'avez fait, avec la même voix, & le même organe qu'on avoit avant cette terrible décomposition de ses visceres. Vous nous avez tous joués dans le temps : à la bonne heure ; mais pourquoi en reparler ici ?

Non, je ne vous croyois pas mort : si je l'avois cru, ne m'auriez-vous pas désabusé ? Ne vous souvenez-vous donc pas qu'au moment même où je vous donnois les éloges dont vous vous enorgueillissez aujourd'hui, presque en sortant de ce tombeau ouvert & fermé par l'art, vous écriviez au Ministere Public du temps, pour lui dénoncer mes Mémoires comme contenant des injures mortelles pour vous; que sur cette lettre, qui n'avoit été vue de personne, ce Ministere alors dévoué à vos vengeances, requit publiquement la suppression de mes Mémoires, que les Auditeurs en furent indignés, que les Juges en rougirent. Vous avez de l'*ame*, ayez donc aussi de la mémoire.

Vous m'accusez *de vous avoir reproché de changer de parti avec la fortune*, & là-dessus vous vous justifiez bien au long de votre conduite dans *la révolution* : mais je n'ai pas eu l'idée de vous dire un mot de tout cela. Le changement dont il s'agit à l'endroit du Mémoire de Février 1774 que vous vous appliquez, tombe uniquement sur cette défection qui avoit transformé un Avocat en accusateur de son *Client*, & mis à la tête des ennemis d'un mineur, un homme qui avoit contracté l'obligation de le défendre. Ce que c'est que la conscience !

Vous vous enorgueillissez de n'avoir pas été *prêter serment* en Novembre 1771, de n'avoir pas *donné votre nom au Greffe*, de n'avoir pas eu part à cette espece de délire que la crainte, la désunion, le désespoir occasionnoient dans la plus nombreuse partie de l'*Ordre*. Je le crois bien.

Les espions qui ont facilité la prise d'une place, ne sont pas ceux qui s'agitent, qui s'inquiétent au moment où l'ennemi en prend possession : ce sont précisément ceux dont la soumission est la plus douloureuse qui affectent d'y mettre plus de cérémonie, & dans ces tristes périodes, ce sont les mains qui prodiguent le plus l'encens, qui appartiennent aux cœurs les plus cruellement affectés. Vous n'en étiez pas-là : vous aviez de si bonnes intelligences parmi les conquérans !

Au moins, avouez-vous un fait : c'eſt que quand on voulut ſavoir s'il ſeroit dreſſé un *nouveau Tableau*, c'eſt par votre organe qu'on haſarda cette queſtion, & que vous devintes le truchement de la réponſe conſolante.

Et ce qu'il y a d'étrange, c'eſt qu'immédiatement avant cet aveu, vous en faites à la même page (1) un autre bien plus inconcevable. *Loin d'engager mes Confreres à rentrer*, dites-vous, *je leur déclarai formellement qu'on ne me reverroit plus au Palais.* Et l'on ſçait avec quel ſcrupule vous avez exécuté cette déclaration formelle.

Je n'en dirai pas d'avantage : êtes-vous juſtifié ? je le ſouhaite. Je me ſuis bien gardé de parler de votre déſintéreſſement, il eſt ſi connu, ſi public. Le défi que vous faites de citer un ſeul homme *que vous ayez rebuté, parce qu'il étoit pauvre*, d'un *ſeul client* qui ſe ſoit plaint de l'extenſion que vous auriez donnée à vos droits ſur ſa reconnoiſſance, eſt ſi impoſant ; il y a quelque choſe de ſi noble, de ſi fier à braver ainſi les Procureurs qui vous ont remis leurs ſacs, leurs Clercs qui les ont retirés, les Parties qui ont eu le bonheur d'émouvoir, comme vous le dites des Verrons, *votre conviction & votre ſenſibilité ;* votre apoſtrophe de la page 37, à vos SEMBLABLES *que vous invitez à s'approcher de vous avec confiance*, eſt ſi adroite, ſi éloquente, ſi pathétique, que je n'ai pas la hardieſſe de lutter contre vous en ce genre.

S'il ne s'agiſſoit que de faire des phraſes, j'en ſais peut-être le ſecret auſſi bien qu'un autre : mais il eſt queſtion de *courage*, *d'honneur* & de *déſintéreſſement ;* à ce ſujet, je finirai par un petit apologue qui ne vous eſt ſurement pas

(1) 38.

inconnu. La République d'*Athènes* avoit un grand bâtiment à exécuter. Il se présenta deux Entrepreneurs : l'un, beau parleur, développa son plan en termes magnifiques ; il annonça les plus belles vues ; jamais on n'avoit si élégamment raisonné d'Architecture ; l'autre s'approcha modestement, il dit au Peuple : *Messieurs, ce que mon rival vient de vous promettre, moi je le ferai.*

P. S. Il y a deux éditions du Mémoire de Me *Gerbier*. La premiere se vend ; la seconde se donne. C'est à la premiere que je réponds.

J'espere qu'on ne me forcera pas de faire l'histoire de ce double emploi. Dans la seconde Me Gerbier a retranché une partie des passages odieux qui le compromettoient plus que moi ; il y dit à la fin de l'Avertissement : *Le respect dû au Prince auguste à qui ma justification doit être offerte, exige de moi la plus grande modération.* Cependant tous les passages retranchés se trouvent dans la premiere, qui a été remise, comme il le déclare, sous les yeux de ce Prince, le 6 Janvier, distribuée à tous les Gens en place jusqu'au 16, & vendue publiquement au moins depuis le 16 jusqu'au 21. Je ne ferai aucune réflexion sur ce procédé.

Me LINGUET, Avocat.

www.ingramcontent.com/pod-product-compliance
Lightning Source LLC
LaVergne TN
LVHW052012160826
845678LV00003B/1024

* 9 7 8 2 3 2 9 6 4 6 4 5 9 *